ENTRE NOSO- TROS

La Fea Burguesía
—— POESÍA ——

Murcia
2025

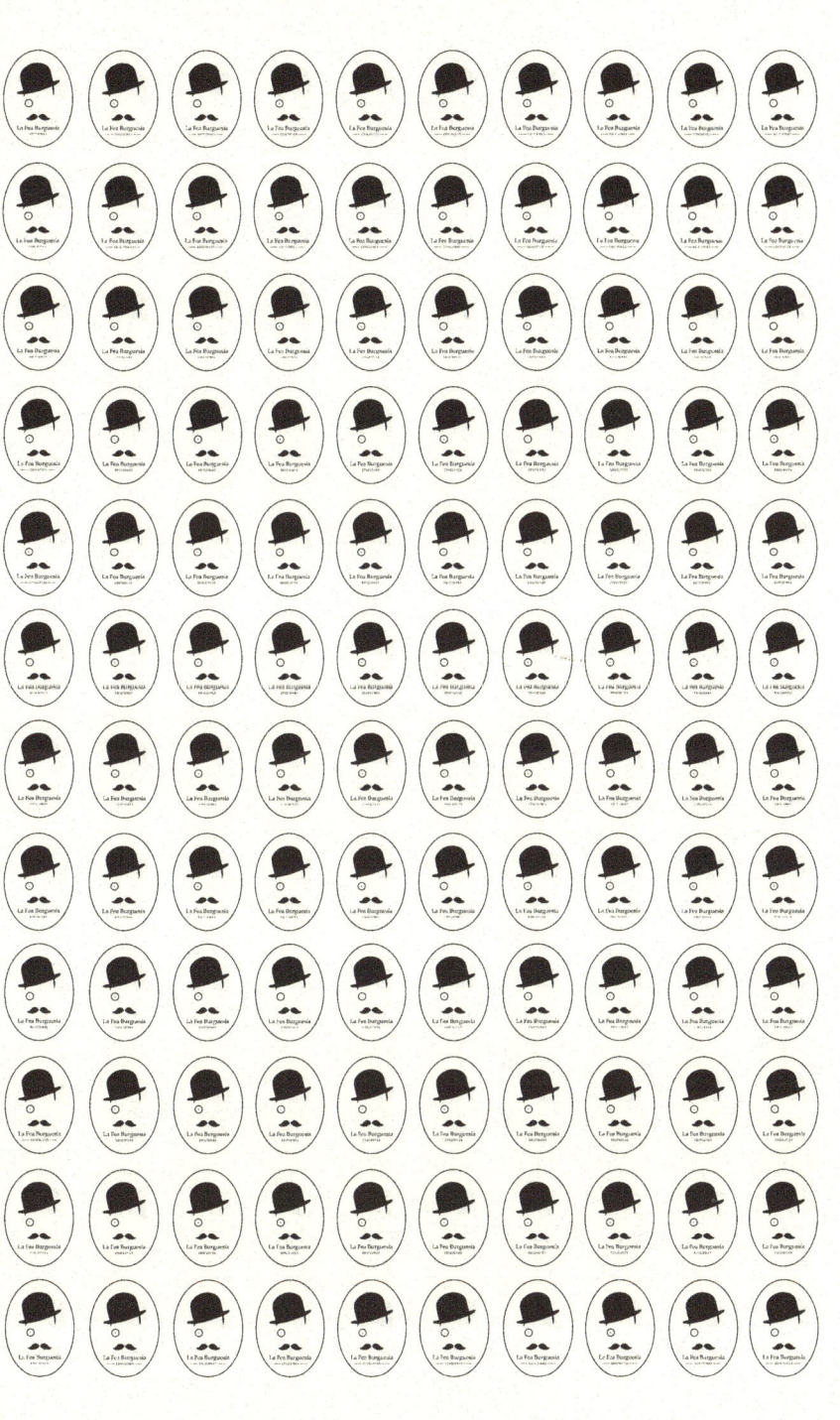

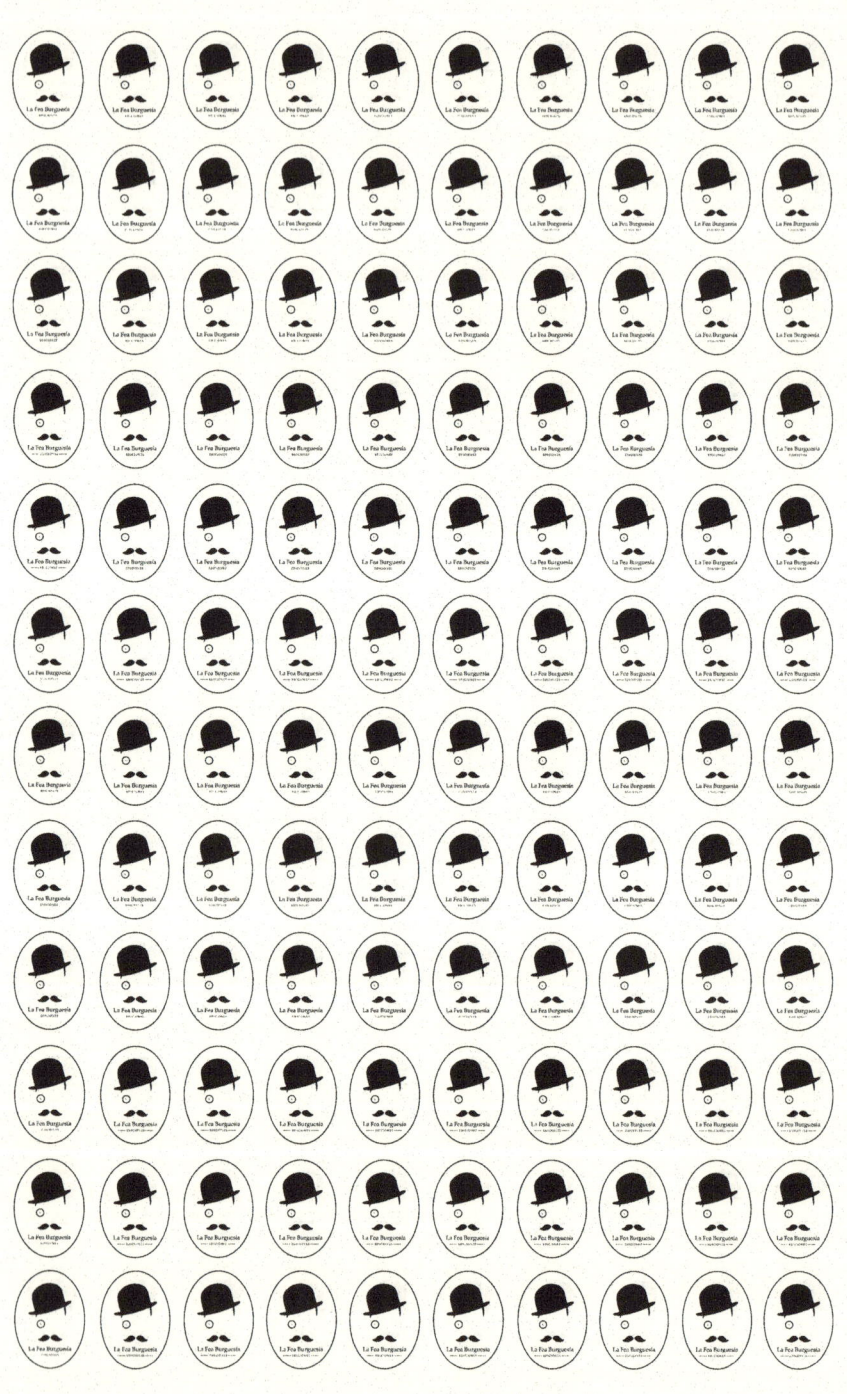

ENTRE NOSO-TROS

AURELIO SERRANO
ORTIZ

La editorial es consciente de la necesidad
de los recursos naturales para consumir cultura
y de la colaboración en la conservación del medio ambiente.
Así pues, por la impresión de este libro, ha plantado
una ciprés (*Cupressus*) en el paraje
de El Horno en Cieza (Murcia)

«Entre nosotros»
© Aurelio Serrano Ortiz, 2025
© La Fea Burguesía Ediciones, 2025
Grupo Editorial Tres y Libros, SL
Murcia, España.
www.lafeaburguesia.es

Cubierta: Cristina Morano
Maquetación: Fernando Fernández Villa
Ilustraciones: Aurelio Serrano Ortiz,
pertenecientes a las series «Otros» y «Árboles». Lápiz sobre papel

Primera edición: septiembre de 2025
IBIC: DCF
ISBN: 978 84 129414-9-4
Depósito legal: MU 887-2025

Printed in Spain - Impreso en España

Índice

A Bárbara, aliada
o rival: compañera

[...] el objeto del amor [...] es alguna otra
persona, de cuyos pensamientos, acciones
y sensaciones no somos conscientes.

David Hume

PRO-LOGOS

Concreta este poemario un tiempo de euforias y desconciertos. Habíamos ya celebrado matrimonios los casables, conllevaban otros sus incondicionales solterías o sus amores mudos. Tarareábamos aún «ne me quitte pas» y «Yesterday»; Buñuel, Bergman, Fellini, Visconti nos poblaron de sueños y debates; nos había impactado el asesinato de Pasolini y celebramos, poco después, la muerte del dictador; habíamos leído todos a Baudelaire y Whitman, a Borges, Stevenson y Conrad, a Juan Ramón y a Pessoa... Algunos, como Aurelio, frecuentaban a Platón y Joyce, a Picasso y Tàpies, a Beckett y Ovidio, a Bartók, Luis de Pablo, Schönberg... y a Bach, por siempre a Bach invejecible. Mitigábamos la soledad y el estrés con incursiones nocturnas por la ciudad levítica... (Morales, Desirée y Pepe Calvo ya nos han dejado). Nos creíamos jóvenes, artistas y comprometidos; criticábamos cuanto al paso nos salía, con respeto de los amigos y los monstruos sagrados. Saltábamos a la noche solitarios, con la excepción de Aurelio y Bárbara, siempre en pareja. Pintaba Bárbara; Aurelio dibujada, esculpía en madera y escribía. Algunas de las cosas que, ordenado, metódico y pulcro hasta no más, conservó de aquellos años, 1984-1987, son las que aquí recoge el presente volumen. Diría que acaba de escribirlas. Quizá porque estos poemas me borran el paréntesis del tiempo transcurrido, o por preferir aquel *tempo ostinato*, siempre en marcha, a los aires de barbarie que hoy nos aterran y acosan sin memoria.

No precisa decir que el libro que tienes en tus manos, lector curioso, consta de tres libros socorridos por parecidos humores, por un peculiar encontrarse en el mundo conviviendo con las palabras que nos ayudan a todos a entendernos, o casi, aunque elegidas y dispuestas en asociaciones de creación propia que las contextualizan y dilatan; reiteradas en temas redundantes entre los que abunda el erotismo, el bajo aprecio y el anclaje vivencial con el tiempo-espacio; palabras preñadas de meditaciones, soledades, largos silencios y saberes literales, plásticos y musicales, pues todo ello desvela a nuestro hacedor, sus días y quehaceres. El primer libro, «Convivencia», se abre y cierra con un prólogo y un epílogo de antología. En su interior, ocho poemas, sobretitulados «Ars amandi», estructuran el libro. Son poemas de largos versos, guiño quizá al hexámetro ovidiano y a su «ars amatoria». Como cabe esperar, estos versos inician, declaman y consuman un proceso amatorio que acaba en «metatiempo conseguido en un éxtasis de carne». Entre estos poemas, y a lo largo de los dos siguientes libros, Aurelio nos entrega, con pasmosa desnudez, su corazón y su mente, sin pudores ni tapujos –como exige la ética–, transfigurados por un decir nuevo y ritmado –como exige el arte–.

Aparentemente, no se preocupa Aurelio de las grandes preguntas que han inquietado a filósofos y poetas: de dónde venimos, adónde vamos... Aurelio las contesta en varios modos que podíamos resumir sin distingos ni rodeos: venimos de una matriz (la matriz entre los muslos de la madre); vamos hacia la ceniza, o más aún, hacia la ceniza de la ceniza, hacia el no es o la nada. En los primeros poemas deja clara la dirección del existir, la posibilidad incluso de ordenar, o desear, el cuándo de la partida. Como Segismundo (la vida como ficción) o Hamlet («morir o dormir») o esta cita que se me escapa de la memoria: «dormir antes que vivir, en un sueño como la muerte, dulce, estampar mis besos sin descanso por tu cuerpo pulido como el cobre». Podría ser este decir de Aurelio. No lo es, no es su retórica. Sí son de él estos versos tomados al azar del poemario: «…dejar de ser una persona / por encarnarme en el agua que nutre / al animal y al árbol […] dormir identificado a polvo o aire / descansar eternamente». O estos: «… «solo afán / y miedo de ausencia provoco». Más que en creencias y trascendencias, Aurelio prefiere apoyarse en el terreno fecundo de la cavilación, del escepticismo, bañado a veces de melancolía –hiel negra–, por lo que, «pájaro herido en mitad de las palabras […] le hace daño embriagarse de certezas».

Volver a la matriz puede ser una invitación exploratoria. La matriz, ante todo, por la que él –no la abstracción del ser– se asomó al cosmos (a la luz: realidad abrumada por la metáfora), la matriz relevada, origen del mundo del pintor realista, su llamada como complemento del deseo que nada por estos poemas, entre encuentros y desapegos. Varían las palabras que dicen su eclosión: semen, semilla, esperma, inseminación, simiente, eyaculación, fecundación, masturbación, beso, alumbramiento, parto… ¡Misterios de la creación!

En paralelo con la en-carne-acción del poema: carne, mente y palabra. Encarnación erótica de la palabra que refrena las náuseas de *thánatos* y aviva «la esperanza / de rehacer el antiguo diccionario». En definitiva: vida en proyecto, encarnación bajo la mirada del dios. De un dios minusculizado, razón menesterosa, cercano al daimon de Sócrates. Nada del otro dios, el personal, de tiempo atrás desaprendido, que Aurelio descontempla aunque le deje mudo el dedo del Pantocrátor en la almendra-matriz que lo contiene.

Como diría Baudelaire –nuestro semejante y hermano–, el libro que tienes en las manos, lector curioso, no es un devocionario para Hermanas de la Caridad. Sí es un libro de meditación, como todo poemario que se precie; de introspección en los interiores de nuestras existencias en el tiempo-espacio que nos ha tocado en la tómbola misteriosa del vivir, privilegiados por poder frecuentar y frecuentarnos en la realidad y en sus transposiciones por la magia del arte. Si el poema se nos resiste –e interpreto *Entre nosotros* como un poema único, aunque fragmentado–, es posible que se deba a nuestra precipitación. O a pensar que todo se descubre con el raciocinio. Conviene, en tal caso, darle tiempo, introducirlo en nuestras vacilaciones, en nuestra memoria, en nuestros no-saberes, en el recuerdo o vivencia de nuestras horas bajas o de nuestros sueños exaltados. Puede que entonces descubramos que el poema dice más de lo que dice o aparenta decir; puede que entonces, además de entender al poeta –que quizá esto sea lo de menos–, entendamos algo que la rutina o el autoencomio velaba en el fondo de nosotros mismos. Por mi parte, aventuro pensar que determinado grado de lucidez –pesimista, si se quiere, o de pesimismo lúcido–, convendría a la lectura de estos poemas. La lucidez despertará en nosotros la ironía necesaria para desconfiar de criterios apodícticos con los que nos sobrevaloramos. Pienso en algunos ironistas lúcidos que podríamos compartir con Aurelio: en Montaigne y Cioran, en Beckett y los eleáticos, en Segismundo o Hamlet, en Cervantes… En el Cervantes irónico que no entendió Lope ni Unamuno. ¿En Platón? Por supuesto en el Platón de la caverna, sin despreciar al de los caballos blanco y negro cielo arriba («soy el hijo del yo-Idea»). En la caverna, rememorada por Aurelio, pues más que aunar todas las piezas en un puzle complaciente, se trataría de escuchar las sombras con las que hemos de convivir. De intentar entenderlas y aceptarlas. De entendernos. De ironizarnos humildemente.

Me atrevería a señalar que el concepto de poesía de Aurelio consiste en un ahondar en busca de las capas profundas donde solo cabe la sinceridad, aunque esta desconcierte o le haga sangrar, que sería necio el autoengaño, y no llegar al fondo es el mayor fraude que se puede hacer a la poesía, a uno mismo y a los lectores. Escribir para entenderse. Para llegar al inconsciente y más allá. Sin excluir la propia piel, que alguien ha considerado lo más profundo. En ese más profundo, pese a algunos subrayados en lo hasta aquí dicho, también se encuentra el gozo, la exaltación, el pensamiento agradecido con el buen hacer diario, con la amistad, con tantos libros entre las manos, con tantos vuelos y tentativas con la sensibilidad desbordada… En definitiva: con la vida como existir en marcha …mientras dure. En los textos del «Apendix» que cierra «Cosmoegonía», la tercera parte del libro, Aurelio, filósofo de regustos entre presocráticos, spinozianos y de otras preferencias, reflexiona sobre el cosmos, el yo y el pensamiento (cosmos-ego-noa) y da las claves semánticas de términos que expresan su estar en el aquí y ahora. Allí se nos aclara: *el síuniverso* = El con Ella; el *nouniverso* = Él sin Ella. *La Nada* = Él sin Ella estando con Ella; El triunfo de la Humanidad = *la convivencia*.

El poeta dedica el libro *a Bárbara, aliada o rival: compañera*. Yo diría más: coautora silente en su momento, si se quiere, que sin ella no existiría la historia que aquí queda referida. Tan aliada o rival en el sentir y en el decir que, a veces, rompe la membrana para estallar en la carne del poema, luminosa en su sonido abierto. Otras veces, las más, afirmaría que sobrevuela el libro, allá donde el nombre no la rememora, como nube o no-dicho supuesto o sobrepuesto. Bárbara y Aurelio, Aurelio y Bárbara: una nueva pareja que añadir a las ya consagradas por la poesía virgiliana en cortezas de olmos o en versos ensimismados. A los dos pertenece este *Entre nosotros* del que diré finalmente, sin rodeos, porque así me lo parece: uno de los mayores libros, de los más originales y creativos –en su expresión y contenido– de la lírica castellana en las últimas décadas.

Francisco Torres Monreal

(autor de Introducción básica a la poesía, ed. Cátedra)
www.um.es.ftorres

ENTRE NOSOTROS

TRILOGÍA

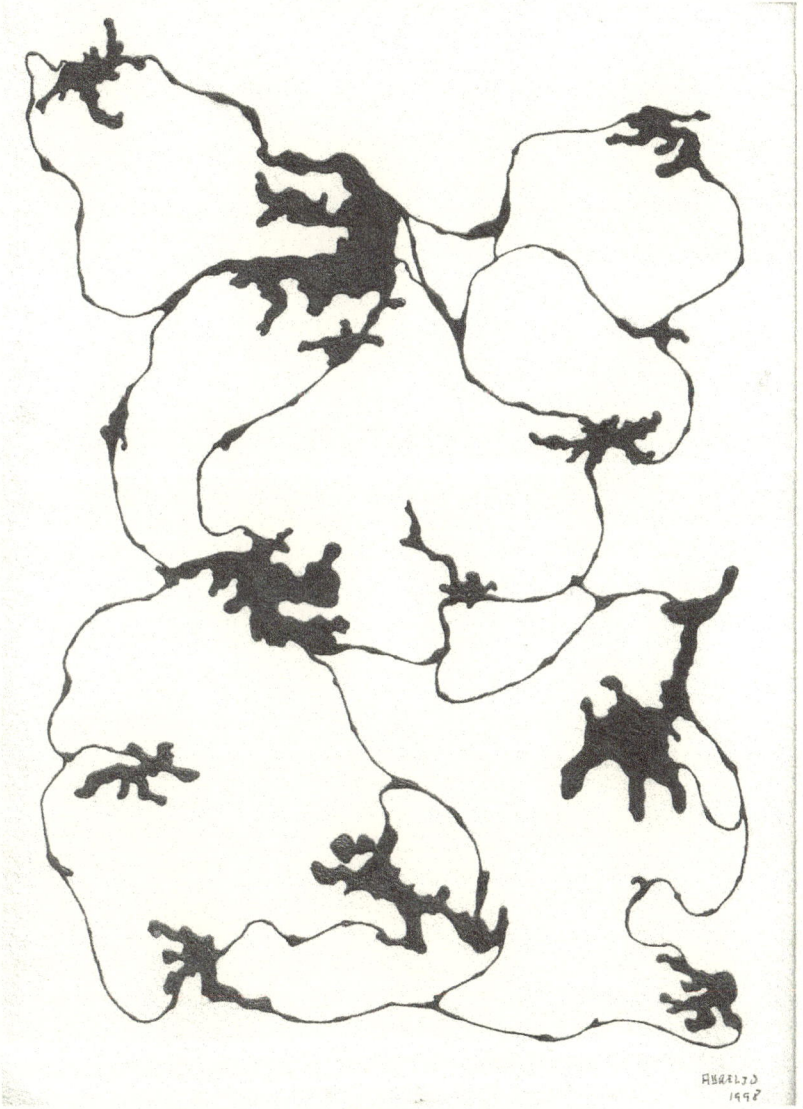

I
CONVIVENCIA

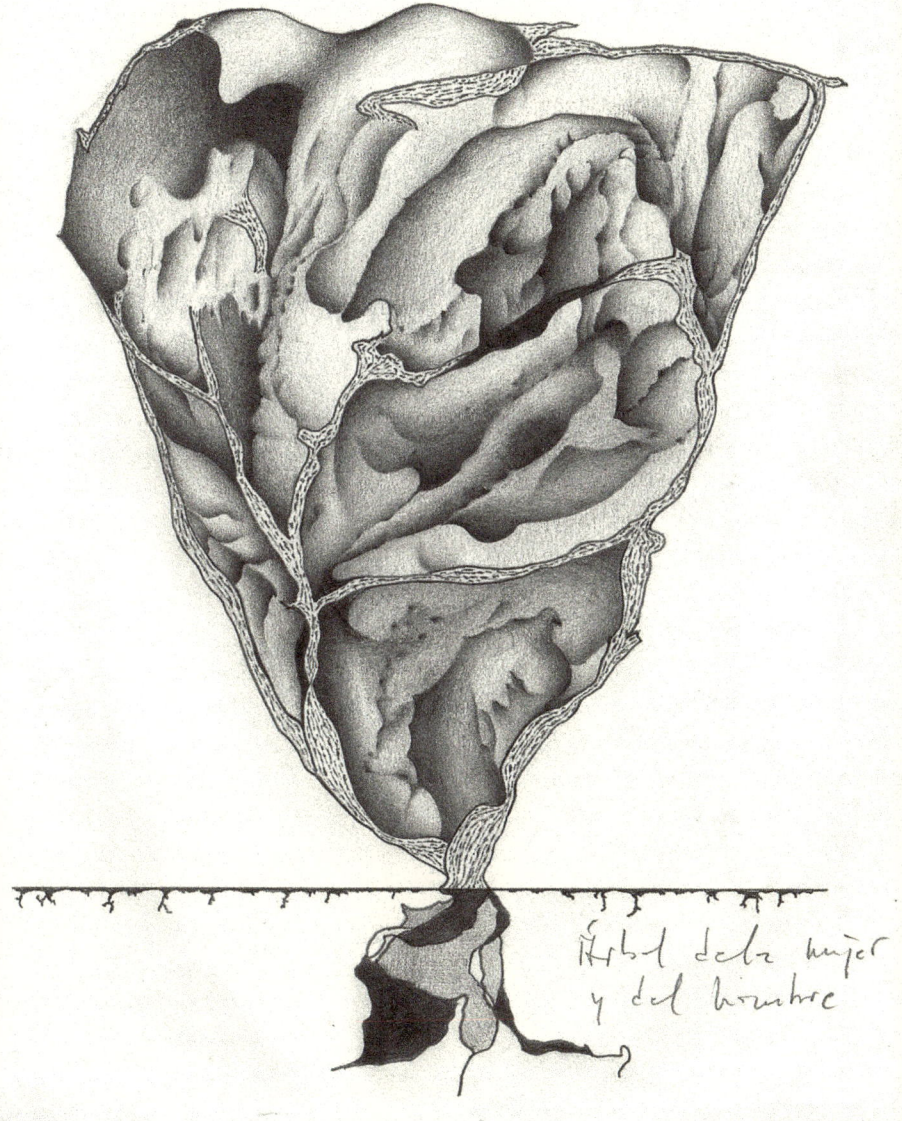

Árbol de la mujer
y del hombre

Prólogo:

Manifiesto íntimo

Se desprenden de mis manos los dedos
que me sujetan las manos
y viaja el tacto por el aire humedecido
hasta integrar en mi piel formas que aguardan
acostadas aún en pie dormitando solas

Fue mañana cuando de ellos salgo
hasta mi cuerpo inmóvil
por devolver al tiempo los instantes
que me cansaron definitivamente casi

Se va cerrando lentamente el paréntesis
o muro en círculo que aísla una parcela
un área de descanso
una vida total
que quisiera inagotable

Me sube por las piernas el calor de mis pisadas
envolviéndome hasta el cráneo
en medio de un no decir pesado
que dobla mi perfil encorvándome

callan figuras vegetales imaginarias
animales inventadas
humanas sin color en las facciones
calla hasta el polvo que no levanto
al apretar los pies en las huellas de antes
por hacer público el angustiado grito
que se va ahogando en los continuos choques
con los tabiques de mis entrañas

Se me pierden los conceptos aprehendidos
en la maraña inmensa de mis propias palabras
que aletean por el corredor de mi casa
en el anochecer cotidiano
donde es excepto comunicar al integrarme

grandes salas repletas de ruidos y soledades
de ojos que buscan ojos
que penetran ignorados
me aíslan en el círculo me apartan
hacia una salvadora amistad
nutrida paradójicamente en la mirada

y no me llega la noche por las calles
pues me quedé sin alba en banales conversaciones
o juicios de valor ajenos y extraños

no me sirve lo alegre falso de embriagadas horas
ni la adulación del presente cuerpo
o ausente y bello por la conveniencia
de una efímera gloria

no alimenta lo trivial
sino la caricia al lugar que ocupamos en el aire
al molde nuestro transformado en hornacina
por acoger a otros seres que llegaban

no merece la pena perseguir sino la magia
la ascensión imaginaria a una gota
de hambre de hominidad ignorada
la profundidad del túnel ya horadado
en el espacio del tiempo inacabable

El esperma del dios cayó sobre la mar
y no han nacido más hombres

Todo es liso gris de arena
cuando miras por la ventana al despertarte
y la angustia es el cielo al que te acoges

no paren ya los animales
pues el placer del instinto se diluye
en la increíble lucha
por un último alimento

cruje el Sol en lo alto
paralizando hasta las piedras
en postrer ademán de su soberbia

Y no puedes tú levantar la voz
que devuelva el tiempo a su comienzo
en involutiva doblez de lo existente

ni ofrecer al dios tu cuerpo
para en cópula brutal recoger su semen
y lloverlo sobre el mundo en tus poemas

Mis palabras se asemejan como gotas de agua
a mis palabras de antes

La inseminación fue provocada
por la propia mano
al buscar
una forma abierta a que adaptarse

mas el desdén hizo que las semillas
no penetrasen en la tierra preparada

El enmudecimiento fue total
pues al doloroso silencio dolorido
se unió el ya callar de los ancianos

Nada sirve aún y sin embargo
vivo la esperanza
de rehacer el antiguo diccionario

La inmensa losa de piedra de la vida
me oprime la garganta hasta la náusea
mas no llega la muerte sin embargo
en la aurora de mi noche

Quiero dejar de ser una persona
por encarnarme en el agua que nutre
al animal y al árbol
transformarme en una célula
sin movimiento propio
en una parte mineral del universo
sin potencia en sí de generar algo

Quiero dormir identificado a polvo o aire
descansar eternamente
sin que voz alguna
pueda jamás despertarme

Crear la soledad que engendra tiempo
capaz de producir espacio
donde el sentir cristalice bellamente en arte

formar estructurales armonías
brotadas de una existencia única
que paralelas se toquen en puntos indefinidos
o calculables no pues la experiencia en ellas
data tan solo de una mitad de la vida

luchar inevitablemente para excluir territorios
y que sean el mismo
los inmensurables instantes

Y llenar las manos de libertad tanta
que produzca insoportable dolor
solo rozarse

Se me alarga la noche en este tiempo
en que clavar una escarpia significa
no poder renunciar a la memoria

porque no se deben repetir ni los alegres sorbos
de una madrugada banal e imprescindible
preludio de un placer a caballo de las manos

Se me torna insoportable el pasear de las horas
por el abierto espacio de mi forma

en la esperanza rota de un esperar inagotable

hasta el sonido habitual de utópicas palabras

Y la derrota sin embargo no me vence
la destrucción no me borra en lo cotidiano
porque toda la vida es
en el segundo que nace

Nace polvo de todo llenándose de polvo

Perdido el foco del Sol
su luz se duerme
y la Tierra es punto que ilumina el aire

seres y cosas proyectan su sombra hacia lo alto
transformando su volumen en su horma

La inercia impide recordar el movimiento
que sería necesario en cada circunstancia
y la esperanza se rompe
se diluye lo aguardado

Golpe que agita las partículas depositadas
en revuelo de enmienda pretendida
finge enturbiar la atmósfera

mas vuelve a depositarse inanimado
a la vez que el pensamiento huye
y la realidad aplasta

ARS AMANDI
I

Aliento en una mano ahuecada o bóveda del monte;
suave escalofrío que no llega a erizar, sino acaricia;
leves besos a través de las yemas de los dedos;
pequeñas gotas de sudor humedecen el musgo que se abre
lentamente, como una esponja que se llenara de agua
en el fondo de un recipiente de aire
o que se añaden a la espuma de donde surgió la diosa;
aparente quietud de los miembros separados
cuya piel oculta hasta el más breve movimiento;
metatiempo conseguido en un éxtasis místico de carne,
interrumpido, ya en el sueño, por la brusca sacudida
que conduce a separar los dientes y los labios.

Es el hombre, mujer,
ya lo has nacido.

Pero nuevo es transformación
no nacimiento
silencio del ayer
fecundación imaginada en una noche falsa
aire sobre aire en alcoba límite

y un golpe es el parto
en la envejecida cara del hombre
retorno brusco a la memoria perdida
coincidencia sorprendente de unos pasos
en las profundas huellas que doblegan
la espalda de los años

Herido el pájaro en mitad de sus palabras
cae a tierra

Es amargo el sabor del aire congelado
entre las plumas de sus alas

El eco del dolor que sin querer produjo
traza a su alrededor una gran onda
mientras ensaya aislado
el gesto que tendrá cuando haya muerto

Y por no asemejarse a un cisne
se le cierra la garganta

Pasa el tiempo sin apenas rozar nada
sin dejar casi huella en la vida o en los cuerpos
como si todo movimiento se basara en subrayarse

la divergencia en el punto que nos une
traduce a silencio la tristeza de los ojos

genera hastío aun el ansia de marchar
hacia la calma que provoca Mahler en la carne
o la aparente quietud que se forma sobre páginas

Mas puede la esperanza
nacer de nuevo
en las horas que ya se abren

Resulta cruel a veces
ser feliz en el silencio
impedir que nos rebose la plenitud entregada
callar palabras ya porque se saben

hace daño embriagarse de certezas
sumergirse con la sonrisa hacia dentro
dormir acurrucado en la mitad del aura

Es infinita la tristeza

Amarga

Pesa enormemente
la huida del inevitable contacto
la comedia de una herida
el continuo juego de egoísmos afrontados

se anatematiza la unión sin razonar las palabras
se golpean objetos cuidando de no dañarlos

Mas cuando la fuerza se agota
cuando se diluye la esperanza
cuando el sentimiento se abisma
en un pozo insaciable

desde el baño de una luz
que apenas si se posa
la mano que acariciaba el libro
hojea ya la carne

Crece esta tarde la soledad en el entorno creado
mientras se desborda Schönberg inundándome

No ha servido abrir en canal el sentimiento
exponiéndolo a todo el que pasaba
pues la luz tras el Sol debilitada
ha ido secando en mis tejidos
la humedad que atesoraba callando

se han oscurecido de sequedad trozos de vena
vuelto rígida la parte de las fibras que asomaba
el cuero de la piel se ha encogido
se ha ido oxidando la grasa

Gana terreno la frialdad de la muerte
llora la palabra pronunciada casi
suspira o gime el tiempo o el espacio

Ay si pudiera si viniesen si en el espíritu
abandonado a mí
ya me existieran

ARS AMANDI
II

Húmedo caracol recorre la piel erizada
dejando surcos enlazados que confluyen casi
o se encoge en su hélice como asustado
por dejar libre al beso el agujero de su concha;
sonidos guturales que penetran por cada uno de los poros
alertan o adormecen pensamientos en espacios vírgenes;
se adaptan a cada curva las manos cálidas,
juegan los dedos a recorrer planos,
mientras el caracol, de nuevo, parece llegar
por senderos que al final se cortan, se desandan
anudándose.
Desaparece de pronto, porque las internas caras
taponan firmemente los oídos,
que solo ya se abren al rumor circulatorio de la sangre;
mas un solo instante dura el sentir tenso,
porque la piel en la piel entrega o carne separada;
reabre el caracol la breve senda recorrida
mil veces en la espera por el sentir atado,
hasta gozar apenas la simiente germinada:
y todo es todo.

Aprisiona la libertad
saber la propia torpeza
no poseer el don
de adivinar lo esperado
errar en la caricia o el gesto

como un leve temblor al fijar los ojos
un inapreciable dudar en las primeras palabras
un titubeo al acercarse
o dejar que permanezca todo en el espacio acordado

Y duele
aunque al final se asienta
.

Avanzar inmóvil por estáticos espacios familiares
agitarse permanentemente en las irrepetibles
aguas
intercambiar fluidos de existencias inmutables

entrelazar vidas privadas
que completándose se adaptan
conjugar la propia nada con hallarse

Movilidad de la pareja autocreada
o estatismo de uno solo en la pareja

Va subiendo lentamente
el calor del desengaño
se acumula reproche
en el puño al apretarse
mientras se diluye
en lo que surge lo esperado

se detienen sentires ante el muro
que la voz del otro levanta
por preservar su refugio

Mas de pronto nace como relámpago la entrega
a galope del caballo de la sonrisa cómplice
pese a la no llegada de sonidos que se aguardan

Y realización plena
compensa el ansia
fundidos ya
olvido propio con ajena imagen

Recorrer apretando con la uña el arañazo
ahonda en la pared la huella del dibujo
mientras en el dedo que por hábito lo surca
quedan apenas señales del yeso que la cubre

Mas ha de aparecer un día
rojo como sangre
el ladrillo entraña del edificio que usas
por inconsciente miedo al frío de la piel
que sacias engañosamente en un abrazo

Y autocensura mientras en la espera
o represión callada que generan
movimientos que avergüenzan luego
cuando apenas se dominan ni los párpados

Se abre oscuridad en la figura que acompaña
y su niebla acerca anteriores años
sumergidos en el vestido o el gesto
agazapados en las arrugas que sabes

Repetición de la voluta de humo en el aire
producida o casual
surgida o esperada

silencio vuelto en fin
o vieja soledad filtrada por los huecos
que los cuerpos dejan entre sí por evitarse

Se plantea entonces acariciar la silla
pues su tibieza engaña acercando
en cálida similitud aguardada

Mas impone formas lo real
tiemblan los dedos

y se pierden los ojos
atravesando un fondo

Recorremos el tiempo en un espacio prefijado
estirando de nostalgia los dedos
hacia lo que ahora tenemos y pasa

El ancla del detalle nos ata
a la forma apenas recorrida por los ojos
mientras golpea nuestra espalda la figura
que superpuesta ya confunde imágenes

Desanudamos la secuencia ilógica
igualando velocidad de proyección
a fotograma asimilado
hundido en la memoria
borrado por el que sentimos acercándose

Mas corren traviesas desenfocadas
a la vez que consumimos preciosos instantes

y ebrios de volúmenes
cuyos análisis no alcanzamos
nos abandonamos en el túnel
adormecidos por el golpeteo rítmico

ARS AMANDI
III

Se unifican turbaciones en la durable mirada
despertando en el tacto recorridos de antes;
los hilos conjugados se adaptan entre la forma y la mano
que los separa luego con apenas temblor, caricia casi;
la levedad de los ojos deja paso a la carne
y ambos es una sola forma entrelazada.
Incontenibles giros que identifican relativas posiciones,
rodar frotando sobre curvos planos casi estáticos,
movimientos que abarcar no puede la retina humana
y sosiego final de las olas gigantes
en dos sentimientos totalmente separados
que comulgan a través de dedo y ápice.
Sacudida y movimiento en ritmo que crece y crece
hasta la tensa quietud de una imagen
que culmina en parpadeo conscientemente involuntario;
y renovado ritmo desde el ya sentir inmoble
que indefectiblemente conduce al culmen de la otra imagen.

Aire coagulado y roto en mil pedazos
desvía la dirección de la mirada
enloqueciéndola con irisaciones e imágenes

Se crean falsas distancias que aseguran
la inminente llegada a la utopía de ayer
arrinconada en lo diario

palabras que se transforman en sonidos
desfigurados
al chocar con las aristas del aire
dan y dan salida sin parar
a continuas carreras desnortadas

Mas en el ojo del huracán que paraliza el vértigo
se evaporan los diminutos prismas
y la luz regresa a su recta impecable

se genera la cotidiana realidad apática
frente a la entrada en olor de multitudes
de las personas únicas

La ceremonia de la razón esgrimida
oscurece el sentimiento del otro
y forma hielo entre las sábanas del pasillo
que une nuestras dos habitaciones

Revestidos con las casullas de nosotros mismos
envueltos en el incienso propio
recitamos monótonamente
mi derecho y mi derecho

mientras que nos recluimos
sacerdotes del sacrificio humano
en trascendentales símbolos
aislándonos en gigantescas catedrales

Se me abre en la mitad de la frente
la minúscula ventana
y atraviesan el espacio tensos hilos
que confundiendo el horizonte
atrapan en su laberinto
el movimiento que nace
parcelando sensaciones
como recuerdos nostálgicos

Caótica tela de araña
que al intentar atravesarla
dibuja incontables heridas
cuyos labios descosen la memoria
liberando el subconsciente atávico

o red que me atenaza
fetal
arrinconado
titubeante hasta

Y de pronto
la tenue luz de una palabra
deslumbra el cerebro enfebrecido
borra líneas o trazos
devuelve paz al espacio

y la frente es cerrada superficie
capaz de ser acariciada

Contemplar el petrificado inicio del vuelo
sobre un pedestal de madera
volver a tomar el aire ya respirado
proyectar sobre la pantalla mi sombra
por recorrer su contorno con el índice

reprimir el grito a flor de piel
aguardar impacientemente el abrazo
enredados en palabras habituales

hacer de la espera un juego cruel
en que realizar un ansia

O no avanzar en la vida que nos hace

Y pugnan por romper el pacto injusto
los músculos relajados
mientras la impaciencia ensaya mil caretas
con que poder sublimar la convivencia acordada

Mas sorprendente solución de alas que se baten
en jamás proyectada trayectoria
satisface el instante
aunque acumule desilusión
sobre tristeza acumulada

Tremendos golpes de lo irreal inevitable
contra las pulidas superficies exteriores
de los refugios esfera habilitados
hacen vibrar hasta las células que forman
los tejidos más ocultos e ignorados

o dormir acurrucados en la noche
afrontando espalda con espalda
reteniendo fluidos de las placentas
que tapizan las curvadas paredes
por evitar conjunción de libertades

Es imperiosamente necesario
estirar los miembros hasta romper
las protectoras esferas
o girar los cuerpos hasta la cópula
en bella desinhibición real
que nos incruste instantes

y seccionar los cordones aun con los dientes
pasar la lengua hasta conseguir
que se abran al aire los orificios naturales
por donde acumular autónomos el oxígeno
que hará nacer la imprescindible fuerza
egoísta y simultánea
entre apatía doble y monótona

Solo entonces
los primeros vagidos
habrán de ser el eco del último golpe
en el recuerdo de superficies aislantes

Un relámpago negro estalla en el espacio compartido
y el silencio más brutal le sirve de rúbrica

Existe de pronto el vacío absoluto
capaz de igualar en su caída libre
el humo con el agua

pues no se ha inventado aún el arte de poder comunicarse
o se ha corrido la tinta con que escribimos el código
por una lágrima

La guerra entre el dios y el dios
ahoga creaciones en la marea de lo cotidiano

Y sin embargo las pupilas se dilatan
tras ese minúsculo punto de luz
que ha de existir delante

ARS AMANDI
IV

Nacen el albor y lo consciente en isocronismo
impecable revelando perezosamente sobre blanco
contornos poseídos ya en el cotidiano acervo;
rosado molde que conforma el aire
transporta junto sin buscarlo casi
y la pierna roza guedejas que se muestran sosegadas
en la clave del desmoronado arco,
salmer común de las ojivas en ángulo.
Imparables crecen la dureza y su líquido
cuando el corazón de la mano frota continuadamente
y detener no se pueden los movimientos que surgen;
hurgan los dedos por debajo de los dedos
y lo húmedo es sobre el olor que se esparce
acotado por sonidos que acarician la garganta,
por sonrisa que taladra los oídos un apenas instante.
Y desear es goce que se siente cercano
cuando los párpados suben y se aúnan las miradas
en labios que confunden sus posturas habituales.

Giran las cabezas
en torno a centros que por crecer
absorben un mundo virgen tras otro
enmarañan el inicio de líneas
que cerrarían espacios

las retinas no pueden borrarse
y se enturbian los colores de las sucesivas formas
mientras las bocas
ya no atrapan el aire

anula el vértigo o confunde los sentidos
junto a voluntades que buscan afirmarse
en sublimaciones de un egocentrismo razonado

Y pese a que el grano de arena que dañaba los tejidos
permanece en lo más interno de la perla formada
nace el grito inacabable
como inmenso sello de propiedad
en el momento culmen

Unidos a través de Pau Casals aunque alejados
anillados por las ondas que su sonido provoca
en el aire que respiramos
el metalenguaje de lo creado en secreto
nos será devuelto en la mirada del hijo
cuando hablemos mañana de casi nada

O belleza de una conseguida paz
aun a pesar de nosotros

Tú eres la rosa de mi mar
el corazón te luce con amor
(De nuestro hijo a su madre)

A través de infinitos recortes de siluetas
o humanas sombras apenas identificables
un azul hilo de lana
da forma a nuestro laberinto leve triángulo
que hemos de recorrer de un vértice hacia dos
simultaneando caminos
que confluyen sin embargo

De la madeja inicial falta el perímetro
en el ovillo que nos identifica o envuelve
haciéndonos perder identidades

mas la mano se aferra al hilo
que nos enfrenta funde unifica
en las palabras del hijo que no repetimos
por ceder ante el orgullo

Y estamos sin embargo condenados
a interferir nuestras vidas
gozando o no del otro
que nos arranca el instante

Somos y no estamos
sino aparte totalmente
desunidos en uno solo
Y dedicamos el crear
solo a ensamblarnos

Traza la mano en el aire
los sonidos de una palabra
y se detiene en éxtasis la vida
heredando los ojos el movimiento
por seguir el interrumpido juego de volúmenes

un milenio de descanso necesario
concentrado en el breve golpe del ala
de nuestra existencia pájaro
cuyo instinto guarda celosamente
la construcción de su nido

toda la luz habitando el espacio
belleza plena de la quietud eternizada

Mas el hechizo se rompe
por una mancha en un cuerpo
que se agranda hasta taparlo
por una leve hendidura que aumenta
devorando público y escenario

y sigue la vida su ruta prefijada
hiriendo acariciando borrando paréntesis
trazados por irreductibles individualidades
que conviven voluntariamente

Ha tocado esta noche olvidar
el olvido de temporales celdas
el calor suave de formas conocidas casi

olvidar que no existe posesión o violencia
sino un punto al que llegar porque sí existe
porque es bueno dejarse llevar por la tormenta
o brazo que domina nuestro libre movimiento

porque de ello nace fuerza antihastío
o nuevo color con que pintar los viejos muros
que dan forma a la calle que recorremos a diario

Y hay que ponerse en pie pese a la lágrima
al gran dolor en el centro del cerebro
al frío cuerpo que no responde

Cegado de ti
agitabas las manos hacia adelante
intentando hallar la entrada de la gruta
en que pudiera tu sueño dormir
hasta el zumbido incesante del ignorado descanso

Era inmensa sin embargo la llanura
y absolutamente cerrado el farallón
que devolvía a la mar tus rotos gritos

pues eran falsos el afán y la carencia
la necesidad y el hambre

Solo un cristal perfecto y limpio
que reflejaba tu forma verdadera
te atrajo a sí y lo abrazaste

Bello punto de partida hacia la autenticidad
que te niegas a reconocer entre caricias
o egoísmos tácticos

ARS AMANDI
V

Lo convexo es concavidad en quien ciñendo se abarca;
se articulan sensaciones de repetido leve tacto,
lúdica antesala del brusco enfrentamiento de oquedades
donde ahormar mutuamente sus entradas
y, en recíproca inundación, intercambiar sus aires;
como naciendo, la lengua recobra desperezándose su espacio,
dulce recorre uliginosa dureza blanca,
busca con saboreada ansia su contraída imagen:
y garzonía inicialmente inacabable,
preludio del ritmo agitado que presagia semejanzas.
Vértigo del repetido juego de labio, molde, labio,
pugna por ocupar la húmeda geoda afrontada,
renovados cadencia, succión, presa, casi daño.
E interminable laxitud que recobra instantes.

Los maderos que pacientemente cortamos
en las largas horas de superficie unificada
entiban hoy las dos galerías principales
que conforman el laberinto personal y subterráneo

o casi lineales ciudades fortaleza
que la primera cláusula secreta del pacto
estableció como inviolables

Ay si pudiese sucio de la tierra excavada
subir en este décimo año y regalarte
la más bella raíz que imaginarse pueda
y tras una noche de conjunta talla
simplemente dejar que consolides con ella
tu último metro horadado

Todo envuelto en mudo blanco
de tanto aportar colores y palabras

las manos guía se trasplantan a esculturas
cristalizada ya su sangre en mármol veteado
que completan el museo de nuestro clásico arte
o pasado utópico en la memoria casi

Iniciado el frontón en la mitad de la fachada
nadie detiene ya la disminución del espacio
que ofrece a uno y otro lado final tan solo el sitio
a unos labios que besan divergente aire

solo la cabeza de un caballo lunar osa el inicio
de la pretendida convivencia
al romper con sus belfos la cárcel

Y las sonoras ondas de la grieta imaginada
licúan la savia solidificada antes
marcando la senda única
del definitivo abrazo

Me golpean el ahucado cráneo
enormes cuajarones de noche
desprendidos de los planos que me aíslan

y se estremecen mis tejidos
plegados ya en infinitas circunvoluciones
huye de mí hasta la nada lógica
mientras aprieto contra el pecho
mi núcleo final mi centro último

Franqueo entonces el umbral de otra gran pausa
donde el espacio se funde a luz difusa
emitida por dos mil instantes simultáneos

e inundan la habitación gritos de loco
pues heredero de soledad
hijo único de mí mismo
trato de romper
compartiendo maldiciones

Curvar los afrontados árboles
que limitan nuestros huertos
hasta encerrar en un gran paréntesis
la tierra de nadie en que a veces nos movemos
para poder sin remordimiento abandonarla

y agacharnos de espaldas entre caballones
coronados por el inicio de las plantas
que solidarios sembramos
aprovechando las simientes
de la última cosecha recogida
cuando éramos aparte

Mas solo afán
y miedo de ausencia provoco

Convivir es a veces
como si dos mantis hembra copularan

El placer del orgasmo compartido
se duplica al masticar
el miembro que nos había acariciado

y el sabor de la carne compañera
aviva el tacto o el olor
del acoplamiento cúspide

Tan solo un límite

ajustar los ritmos al milímetro
pues la ingestión ha de ser
mutua satisfacción saboreada

Se me resecan las hojas manos
adheridas al único tronco vivo
por una sola raíz
que llega al común acuífero

Es otoño hoy entre nosotros
y paseamos sin embargo
pisando hojas que desnudaron ramas

La leyenda sin embargo que guardamos
habla de fruto y de flor
de calor y viento y lluvia
de tiempos en línea recta y única

Y desde el punto de mi ser
grito al tablacho
que desvía el agua de este huerto

ARS AMANDI
VI

El intenso mirar en un instante genera lazos
que aun los párpados no vencen sino aprietan;
tanteo, aproximándose, del aire, hasta fundir en una
las dos irreprochables auras que amanecían la tarde;
cubriéndose, se adaptan en quietud las epidermis.
Mas nace de calor el movimiento
y, tras hombros plenos de sendas ya al recorrerse,
anillos de caricia encierran oscura piel que se levanta
en breves tallos que cimbreas acompasadamente,
mientras recogen las palmas de las manos
las mullidas formas cupulares.
Abre labios por acoger el surco liento a la fuerza
cuando caderas o cintura son al crearlas dedos;
inicio del trayecto que se completa, tras volar, en el origen
o comienzo final de indolente permanencia.

Acercarse una vez más
intentando llenar necesidades

y sentir que la voz surge apartándome
hacia caminos que un día borré
en el hemisferio que me corresponde

He de trocar verdades por posibles hallazgos
que llenen horas aisladas
imposibles de sumar a la existencia útil

El pensamiento verosímil
se alza sobre la vida calculada antes

se viene abajo lentamente la dualidad
derrotada por el libre apareamiento momentáneo

Haber ay hallado una perfecta metáfora
y ser devuelto a la literalidad de la palabra

Aramos ayer la estéril costra
de los huertos que ocupábamos
esparcimos el abono
de sensaciones fermentadas
atesorado al aire libre en montículos

y tras regar con la sencilla agua
que nuestros cuerpos a veces destilaban
guardamos en la cuadra los aperos
y huyendo nos hicimos ciudadanos

Confiados en el clima
dejamos pasar meses y meses
ocupados en plásticos y en máquinas

Vueltos ya hoy por recoger la cosecha
se nos pudren los frutos en el suelo
ocupados como estamos en limpiar
de malas hierbas nuestros campos.

El hormigón que enmarca mi fachada de cristal
es piel que se eriza con el aire
los cimientos son
profundidad que sumar a mi estatura
y las luces que se ven a medianoche
restos de vidas acumuladas

Durante años traje en las manos
el agua que llena hoy el estanque
donde reflejo mi forma

sus peces rojos
pequeñas sensaciones que sobreviven al tiempo

Mas hoy
quien me habita
ha construido al otro lado de la calle
un hermoso edificio

Penetro en su sentir
como un taladro que prepara el agujero
donde introducir la escarpia
capaz de sostener el peso de mi imagen

y olvido la delicadeza de su piel
la extrema sensibilidad
del último contacto eléctrico de sus fibras
musculares
con la humana mar que la alimenta
cuando me contemplo en mitad de la pared
orlado de plata

Mas en el silencio de la noche
gotea granos de tierra mi retrato

Hacer mineral los sentimientos
petrificar las fibras que me forman
y que dentro de millones de años
estudien mi estructura vital
integrada en una roca

las venas serán
apenas una línea
los ojos una sombra
un haz de vetas las manos

Y seré un ejemplar único en su especie
pues la huella de un cordón
unirá el centro de mi vientre
a una geoda tapizada
del más bello cromatismo fósil

La doble vertiente de lo único se bifurca
al descender la luna hasta la cama
o cuna en que se duermen las manos

solo se piensa la piel que rememora
provocando un repetido orgasmo narcisista
donde espejo son
las imágenes de los ojos

Y basta

o debería ser necesario a estas alturas
el reposo a la vez
el sueño compartido simplemente
las esencias separadas
por infinitos nudos de contacto
pues una noche me dije que
la semilla de la hierba del tiempo
es la flor de la esperanza cultivada

Pero me duelen ya las manos agrietadas
se me destrozan las uñas
y abono con sangre la tierra que aro
separando al máximo los dedos
para que crezcan entre los surcos
las plantas de la esperanza

Y quizás porque duermo primaveras
solo recojo pétalos secos
arena de células que vivieron antes
y nunca comienza el ciclo
en que tiempo y luna y cama
sean simplemente ojos reales
no imágenes que en soñados espejos se formaron

Sin embargo
cada otoño instante que despierto
encuentro su semillero en la almohada

ARS AMANDI
VII

Del yacente imán, surgen líneas de fuerza convergentes,
caminos cristalizados en cuerdas que se atan a ferrosidades;
inercial equilibrio de atracción y peso que las templa,
prima sobre el sentir lo que dentro se siente
y avanza el cuerpo a la sirga sobre el agua de la cama.
Resta siempre un tiempo al final de cada instante,
una más tras cada capa de aire atravesada al acercarse;
el brutal culmen retardado de la concupiscencia
inicia su explosión en la mitad del cuerpo.
Mas momentánea detención que saborea la distancia
presta segundos al ojo por hacer perfecto el ensamblaje.
Normaliza entonces su velocidad el movimiento unívoco
y el encuentro es lastre que va cayendo a los lados.

SÍNTESIS

EPÍLOGO

Se tornaba lento el espacio
que el dilatado tiempo me ofrecía delante
se colmaba de llanura rubia y cálida de arena
nacida en diminutos granos idénticos
de la erosión del sílice
que los años habían ido en mí depositando

Era simple transparencia
y al ir viviendo nacía y nacía
a mi ser continuamente
corrigiendo las líneas que delimitaban lo abarcado

orgulloso de mí ni osaba siquiera
analizar un pequeño gesto o palabra
que volvía opaca la milésima parte
de un milímetro cuadrado de mi superficie

me convencía de que el sol se iba apagando
acogido a la propia luz que atesoraba

era un solitario en compañía de poemas
un amargado con el consuelo de su lágrima
un simple hombre satisfecho de su música
miserable

Pero guardaba en la memoria sin saberlo
sentimiento puro o capacidades no gastadas
ternura que se adormecía tristemente
alegría que se ocultaba en lo más insospechado de mi cuerpo
ansia de vida que se me suicidaba en las manos

Un día la opacidad llegó a cubrirme de tal manera
que creí al dios encallado definitivamente
en el lecho del río que aprendí a adorar
como padre suyo y como madre

amanecía forzado a una poshistórica prehistoria
en la que al invadirme bárbaro
destruía mi cultura dormitando

Comenzó sin embargo la estación de las lluvias
y el río creció salvajemente
devorándome kilómetros de piel deshidratada
arrastrando endémicas esterilidades
hasta que vuelto a su cauce
un primer rayo iluminó su forma plena
ahormada en otra tierra que la suya

y supe que el limo de su ser
podía abonar mi campo en un instante

y cerrando a mi falsa seguridad los ojos
le di definitivamente la mano

II
ENSUEÑOS DE LA RAZÓN

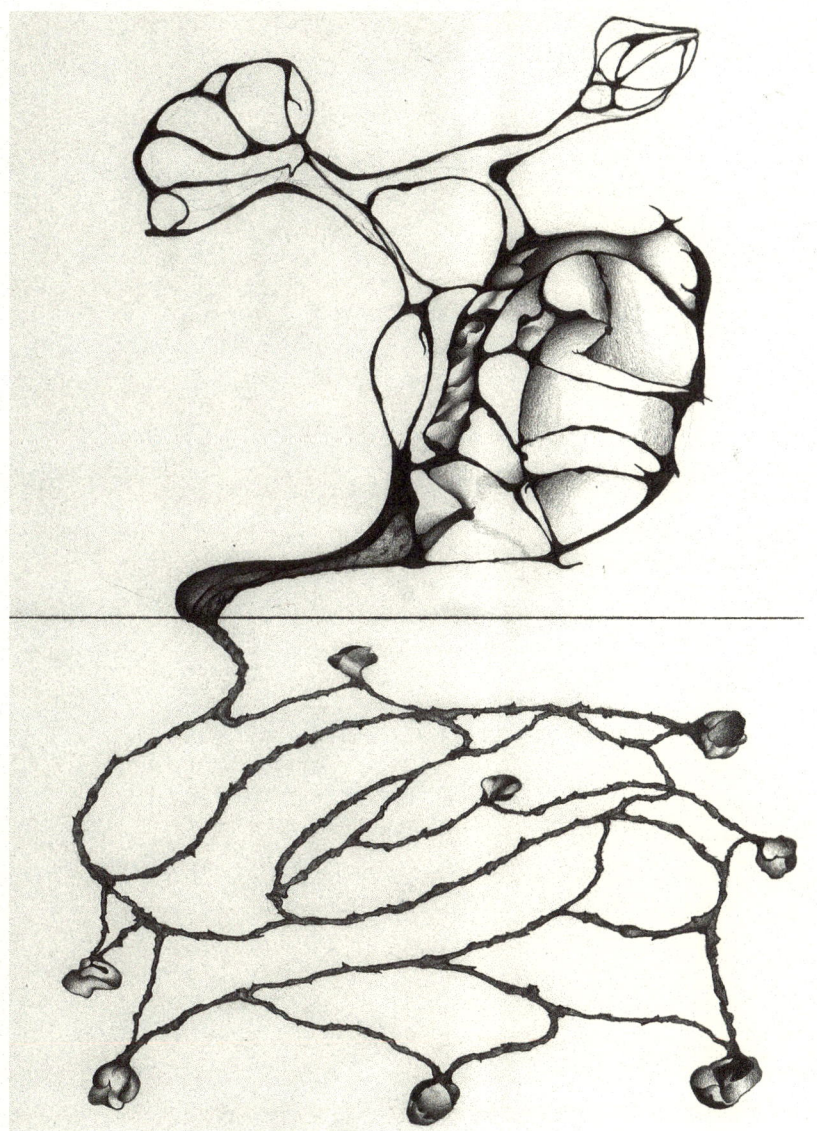

Erizo es el zurrón de la castaña.

Góngora

Ulysses
J. Joyce

Púas de su zurrón
aíslan a la utópica castaña
mientras un solo ojo no sirve
para medir la distancia

Introibo ad altarem canto
en medio de la escalera
y consigo masturbarme

Primero no pensar
segundo más que ellos
no ser tercero sino otro
igual a la cuarto regla

y el décimo final
que no comprendo hasta la enésima calle
recorrida tras los equis iguales
que no llevan el jabón
en los bolsillos de su Molly

Acaricio en su recital por ello
las púas donde me indico el camino
para escalar la utópica castaña
que habré Ulises-Bloom de culminar
para definitivamente aislarme

Cuando se juntan dos pompas de jabón
para formar un algo unido
no intercambian ni comparten trozo alguno
de sus internos espacios

Así debe ser
según las reivindicativas leyes
de la Física de antes

Interfiere definitivamente la dimensión tiempo
en el encuentro vaticinado por Newton
de dos simples cuerpos materialmente tradicionales

Y ante uno y otro
la curva trayectoria en sus universos
ofrece solo al fin
el inicio de una sola trayectoria

Se torna virgen mi cerebro
del whisky esperma que acumulo

Lo incoloro estéril me demuestra
que empujar por nuevas calles
el carrete del hilo telefónico
no es virtud porque establezca cauces
pues lo bilateral es ilusión o años

Por eso cojo el automóvil
que ojalá rompa al reventar sus neumáticos
el negro tubo que protege el hilo

Y he de abortar clandestinamente
en el preciso momento más absurdo
pues están llamando a mi cráneo
para instalarme un teléfono

Quise rozar una pierna
y tropecé con una pierna solo

Sobraban ideas a los dedos
pero al final triunfaban

Introduje entonces la mano
por entre los huesos de mi cráneo
y cerré la llave

Mas ahora
no recuerdo ni mi nombre

Yellow submarine
George Dunning

El agujero
        Desaparece dentro la mano
y los ojos o la mirada de otros

Trato de hacer un brocal en su borde
para ya pozo lavarme
y se agranda tragándoselo

Tiro piedras a su fondo por medirlo
y el sonido que me llega se confunde
con el golpe que mi pie ha dado
sobre la base que me levanta

Lo pliego entonces
y lo guardo en un bolsillo
junto a mi lápiz

Sois existencia del ser o antecedentes
que condicionan
la composición cuantitativa del abono

La planta madre fue espontáneamente
como el vocabulario adquirido
en los tres primeros años de mi vida

Por ello cuando tras largos meses
de programar conscientemente
inicia una sonrisa irónica el experto

se pone roja mi cara

Pero vuelvo a pinchar la misma tecla
que confirma aquellos datos

Idéntica hija planta madre cultivada
que ha de generar la periódica polémica
de si la tierra tiene
de si el abono
de si supieron arar

o el surco era
o el sexo de nuestro ángel

Y me canso

La calidad última del ser
es decir nada

aguardar sombras en la pared de la terraza
hasta que el fuego vaya lentamente apagándose
y las ventanas sean
un cuadro negro en el aire

Mas la ya caverna otra vez
exige piel para cubrir los lienzos que abre
mientras intento igualar
ámbito a lo que abarca

Nada que hacer ya en el mundo
al que me arrojaron los músculos
de la vagina de mi madre
mientras me asfixiaba casi
el cordón que me unía a lo humano

Y pongo dioses y pondré
sobre el llanto de sus dioses
sobre un único altar
mil veces mil imitado

Pero cojeo al andar
y tuerzo un ojo
y es una más mi risotada
pues el hombre
cuando menos
es curioso

Era blanco y no mas era puro
y no mas era fuerte y
no mas era
grande
pedestal
urna sagrada
y no

Una mota más
en el aire

Tras una exposición de Tàpies en el MNCARS

Dos soles opuestos poniéndose
invalidan las posibles proyecciones de mi sombra
sobre la blanca sábana

Mas al final de los instantes
cuando voy a rozar dormido el cuerpo
el tacto del lienzo me devuelve
a la simple lectura de un catálogo

Y vuelvo a verme horizontal y en pie
sobre la pared del museo
sosteniendo soles inventados
en los extremos de mis brazos
y eyaculando

Se levanta de su silla la vigilante
masturbándose al limpiar gotas de semen
en el suelo-marco del cuadro

y tras mirar otra T
paso a la siguiente alcoba-sala

Intento con mis manos sujetar los huesos
que conforman mi cráneo desde siempre

pero sigue desdoblando pliegues mi cerebro
en su afán de alisarse como un globo

Me duelen cabeza y ente
mientras vierto suero-sangre entre mis dedos
Mas al queso de hombre
no se da valor en el mercado
y pasa ella de largo ante mi kiosco

Depositó cuidadosamente el moco seco
que sacó de su nariz sobre un borde de la roca.
J. Joyce. *Ulysses*

Mi moco de Stephen formará mañana
otra arista mínima en la roca
del último volcán de Lanzarote

pues tengo que cerrar el ciclo abierto
cuando mastiqué conscientemente
un pequeño trozo de mi encía
para vengar a las células
que en mi cerebro se mueren

En esa piedra sin embargo
no pondrá el alcalde
una placa con las fechas de mi nombre

En Lanzarote con Bárbara

Halló un orificio la lapa y
por adaptar su concha
segregó la forma de sus bordes

Mas el cincel de una llave
hizo entrar en el vacío aire y agua
hasta hacerla caer en la palma de mi mano

Y aun hablan hoy del orgullo
de ser prenda de amor
entre unos dientes

Érase una vez un barco cama
surcado de pliegues
cuyo común era
el punto donde Osiris alza naves

A las tres horas de navegación
surtió inútil semen al aire
que almidonó su velamen
estrellándolo contra una roca

Y roto ya el gigantesco canope
las vísceras se derramaron

Y dijo su enigma la esfinge
Si un corazón roza lo vivo
se le niegan a Beckett las palabras

Hice fanal entonces de los libros
y fui procesando sus datos
mientras encallecían mis dedos
de pasar templos y casas
hasta que al fin
estático en el último peldaño
saqué mi mano del bolsillo
y del centro de sus puntas a mis ojos
fue igualándose mi piedra tercio a tercio

Mas hoy la esfinge me dice
Si rozas la palabra
no tendrás Beckett la vida

Un automóvil de carreras [...] es
más bello que la Victoria de Samotracia.
F. T. Marinetti

Cuando en mi huir hacia tu imagen
alcancé los cien kilómetros por hora
me detuve por acariciar las plumas
del concepto mío de tus alas

Pero fue dueño del Louvre la convivencia
y en su restauración
se incluyeron nuevos escalones

Hoy las llaves de mi automóvil
cuelgan del manillar de tu bicicleta

Se iba a cerrar por fin el círculo
y la forma del caracol sin embargo
se dio otra vuelta a sí misma

Ojo ya el punto de su centro
era la línea que Gaudí enredaba
la estéril trayectoria de una mano

Y durmió el caracol pegado al techo
pues mi gota suya de semen
seguía seca de siglos
mientras el extremo de mi pierna levantada
rozaba el ojo centro de su imagen
al recitar un altavoz de feria
Non me tancas, ya habibi,
fincad y en esu[1]
paralizando en espiral sabida
el pretendido círculo

---

1 No me toques, oh amigo mío. /permanece quieto ahí.

Julio César-Macbeth

Clavar en la pared manos derechas
para que el libro
permanezca abierto por la página
no justifica hurgar con otro índice
hasta llegar al ombligo fondo de la caldera
con pata lengua de perro y lagarto
estómago con hiel de cabra y tiburón
ramas de niño
dedos de tejo
y jugo de sexos en noche baldía

Pero estaban escritos los idus de marzo
aun en el reparto de cosas afines
cuando ex machina sorprende o no
a los actores de Mankiewicz

Y la predicción tiene lugar
cuando solo Bruto vuelve la página
con la punta de un puñal
grabado con elefantes de Claudio

Se ha vuelto a romper el dios
por la mitad del crucifijo
o piedra almohada

Qué amargo sabe el espejo
al afeitarme

Un cuadro de Bárbara

El azul de la flor
cubrió el pastel negro de Picasso
tras una noche en que Gardel
hizo simétrico el cuello del cristal
que traspasaban ya mujer los tallos
tras aceptar el enigma del contrato
en la mitad exacta de la frontera del agua

La solución es
el suicidio de una sola flor
hombre y kurda para más detalle

Agua estancada de **Unamuno** y **Millais**
Rubén Darío

Mientras llenaba los pulmones de Virginia
se detuvo el agua toda recordando
el caz de aquella cita de Unamuno
y tomó la fuerza necesaria
para abrir los ojos que Millais ocultara

Y lloró la princesa
porque en el penúltimo acto
exigió montar el príncipe
un caballo sin alas
y no el azor en su mano
y no espada
solo un beso de amor en el río estancado

Al bajar el telón
un inmenso aplauso
hizo correr de nuevo el agua

Qué bien preñó el dios a la mujer
que parió al hombre
después de hurtarle su cuerpo la diosa
para ofrendárselo al hombre
que a la mujer admiraba

E hincó el Minotuaro sus cuernos
a igual distancia del hilo de una Ariadna
porque la presión en el cobre
era indiferente a los muslos de Picasso

Y las Parcas hilaban
y Hamlet
y ser doctor en el centro del pacto

Mas en medio de todo
silencio
se alza un yo dedo
cuya uña Max Aub
jamás hubiera imaginado
mientras el reloj da sus campanadas
y vence el sueño programado
a Minotauro y diosa
a dios y Hamlet

Me he puesto la corona de cola
como un traje de laurel
y he bailado ya Nerón las sevillanas

En voz baja por favor que duerme el hijo
–a la nanita ea que viene el coco–

Y el monitor está muerto
porque Ramón Gaya
–nanita ea–
me trae la fama

Doctor inútil ¿seré persona?
–nanita nana–
Cuando comprendas a las personas

Y me quito la corona y el traje
y el laurel de la cola
y hasta la nana
porque el dogma de poema igual a enfado
sigue sirviendo de excusa
–nanita ea–
a una persona

No estaba corregida aún
la desviación vertical del Laocoonte
cuando una losa de mil aires
cayó sobre la vela del Buda

la piel de la mano una vez más
fue infiel a la promesa de la mano

porque ayudar es a veces necesario
para no violentar más
las comisuras de la boca del padre

Nos hemos arrojado palabras
en la mitad exacta de otra noche
para dormir separados
hurgando con el largo extremo de una uña
en la herida de quien teníamos delante

Se ha dormido el perro en nuestra cama
y el hijo ha levantado un párpado

Un partagás enciende el extremo de otro
prolongando en la punta de mi lengua
el sabor a gasolina del mechero
o a la cara interna de sus muslos separados

Mas acabo de fallar mi sentencia absolutoria
y por ello declaro fiesta mañana

No debemos buscar sentido
a los idénticos instantes o palabras
sino borrar existencia y hallazgos
borrar aunque nos duela
la esperanza de la fuerza necesaria
De lo contrario
es difícil entonar el salmo del hipócrita
del humano ególatra
más allá de lo puramente cotidiano

Por eso un bello coprolito
hallado cuando realizaba
excavaciones arqueológicas en mi persona
me ha servido para llenar
la ya oquedad de mi cráneo

Enhiesto índice del pantocrátor
fue mi dedo al rozar tus párpados
mientras confinan en el círculo que trazan
las uñas de tus labios inefables

o mis párpados y labios
o tu enhiesto dedo

Y mientras
la convivencia gusano
va tejiendo dos capullos
donde encerrar las crisálidas

Ojalá nazcamos un día de cara
las definitivas mariposas
para que dos diminutas esferas
sean el origen
de una mística almendra sola
que enmarque nuestro único retrato

Dibujo de **García Lorca**

La línea de la vida
de mi undécima mano
se prolonga entre una lluvia de lágrimas
hasta la comisura izquierda de tus labios
mientras la silueta de mi rostro
comienza a llenar de curvas
las antiguas rectas caudinas
entre París y Yugoslavia
herederas de un no ya tercero
y ancho anillo de plata

Huele por partes el tren
a aquel colchón antiguo de Canarias
a nuestra cama
al pequeño muro del Sena
en la orilla izquierda de una tarde

Mas un viaje astral ya duplicado
borra el dibujo hacia el centro de la hoja
y la línea de la undécima vida de la mano
enraíza en el sonido solo de su auténtica palabra

Rasgó el sacerdote del dios persona
su túnica
y congeló el vídeo por un momento su imagen
mientras una línea continua y doble
dividía por su mitad exacta
la pantalla de catorce pulgadas

A uno y otro lado
apareció entonces un corto de Wells
filmado en blanco y negro
donde una mujer y un hombre
interpretaban idéntico papel
frente a las digamos murallas de Ávila
o bajo el puente
cuyo arco permitió al eco
sobre el agua
escuchar lo grabado
antes de acostarnos en la misma cama

Mas un corte de luz en ese instante
permitió al sacerdote
encender una vela
para zurcirse la túnica

Y nos despertamos abrazados y besándonos

Aún llevo rasgos de ayer en la cara
y mis palabras responden
al famoso diccionario de autoridades
pues casi tengo ya
ciento y cuarenta y nueve años

pero reafirmo mi deseo de borrar
cada día que pasa
una semana del atrás que me conforma
hasta llegar al instante
en que mi cabeza asomaba
entre los blancos muslos de mi madre

Podré entonces virgen ya
desde mujer reeducarme
pese a que la nueva librería
y o una taza de café
continúen golpeando mi forma
hasta hacer de ella un prisma
cuyo perfil sin fisuras encaje
en el eterno triángulo troquelado
que rotulamos con Hombre

Y una vez ya dentro del cubo
probar a masturbarme
habrá de ser patéticamente glorioso

Me duele de nuevo no saber
ni siquiera el dibujo de palabras
que modular tras la punta de mi lápiz
mientras recorro las formas
con el dedo índice de mis ojos

pues necesito el sonido de mi voz
para simplemente saber
escuchándome
que pertenezco al tiempo
y ahormo formas en el aire

Mas la cuña sigue ocupando el espacio
del próximo diente
de una rueda imaginaria

Se quebró de pronto poco a poco
la asintótica recta que trazamos
por hacer que llegaran a rozarse
las dos ramas de la hipérbole que somos

Y me voy quedando solo como antes
pues un seudoarrabal como París
es excusa suficiente
para que un laurel confundido con collar
adjudique a Zeus
canotier y bastón para bailar a Schönberg

Era tanto lo que decían los ojos que
apagadas las luces
bailamos el adagio
de la supuesta décima de Mahler
veinte minutos antes
de corrernos en la cama

Mas a la noche siguiente
la misma toalla
mortaja fue de lo esperado

Concierto en la Casa Blanca
Pau Casals

Solo me llegaba Pau
de aquel noviembre de Washington

mas al rozarme la piel del oído
huía refugiándose en las hojas de mis libros
hasta que la humana voz arrancada
comienza a ser Couperin
y deseo acostarme
pese a que la columna rostral
no ha sido aún levantada
pues ante el César
volví a encontrarme desnudo
de salitre cubierto
derrotado

Cuando al final aplaude el Presidente sin embargo
he retirado ya la red con cañas de la cama
y el ocell que me guardaba en la mano
inicia libre su cant
entre la araña y Horszowski
tras haberse cagado exactamente
en el mismo lugar
que ocuparía la espada

Concierto para orquesta
Béla Bartók

Están Bartók y mi cigarro
a punto de ahogarse en un cenicero de agua
No me ha sido posible el viaje astral
porque mis dedos
tocaban y tocaban mis muslos
devolviéndome al sillón anaquel
donde estaba refugiado
mientras se muere hasta la música
y mi padre
y los ángeles que llegan en las naves
con escamas de un pez en las manos
para hacerme ver de nuevo
que la vida

Y casi escuchando el disco
vuelvo a escribir un el poema
mientras sueña Bárbara en la cama
encender su cigarro
en la Bartók lumbre
que aún sobresale del agua

Suites para violonchelo solo
J. S. Bach

Hare Bach Krishna Gendron
mientras el whisky del matrimonio
me lleva a darte la razón lógicamente

Y cuando no miras
recorro apresurado el pliegue
que en tu cadera
nace ahondándose hacia
por si tus ojos

En los anoche todavía de la cama
me doy la vuelta y me cojo de tu hombro

Le tronché la vida
en la raíz de sus alas
y me maldigo
por el dedo aquel que levanté
para rozarla

Me dio y le di
mientras me daba y le di
mientras me daba y le daba
y me da mientras le di y me daba

Mas el sentimiento era pena en mí
la palabra
daño solo
que provocaba palabras
de solo daño
y mis manos

y mis manos

Chaikovski – Luis de Pablo
Teresa Sánchez de Cepeda

Alexis Weisenberg vuelve a mirar
el extremo de la no batuta de Karajan

y me oigo

Hacer el amor contigo es
como escuchar la Quinta Sinfonía de Chaikovski

Pero en We
recuerdo
el maorí
hermoso
irrumpe en el hermoso gregoriano

y a la sonrisa que mis labios han iniciado

¡Ay, qué larga es esta vida,
qué duros estos destierros,
esta cárcel y estos hierros
en que el alma está metida!

le ganan la batalla
los nuevos impulsos eléctricos que
al quedarme solo
envía mi cerebro
a los músculos de mi cara

Era
el espacio único

y era
el ser
y el otro ser
que por él se movían

Y resultó
un derecho
y un derecho
el propio tiempo de ambos

Solo
del todo
Como si muerto

No puedo ya hacer nada

Las arrugas
bellas
en las comisuras de sus labios
se las ha llevado el padre

Se es lo solo hacia la muerte

Bacon y su amarilla luz redonda
donde no puede penetrar Beethoven

Se es lo solo hacia la muerte

Y mi dedo en el espejo
que me recorre el aura

III
COSMOEGONÍA

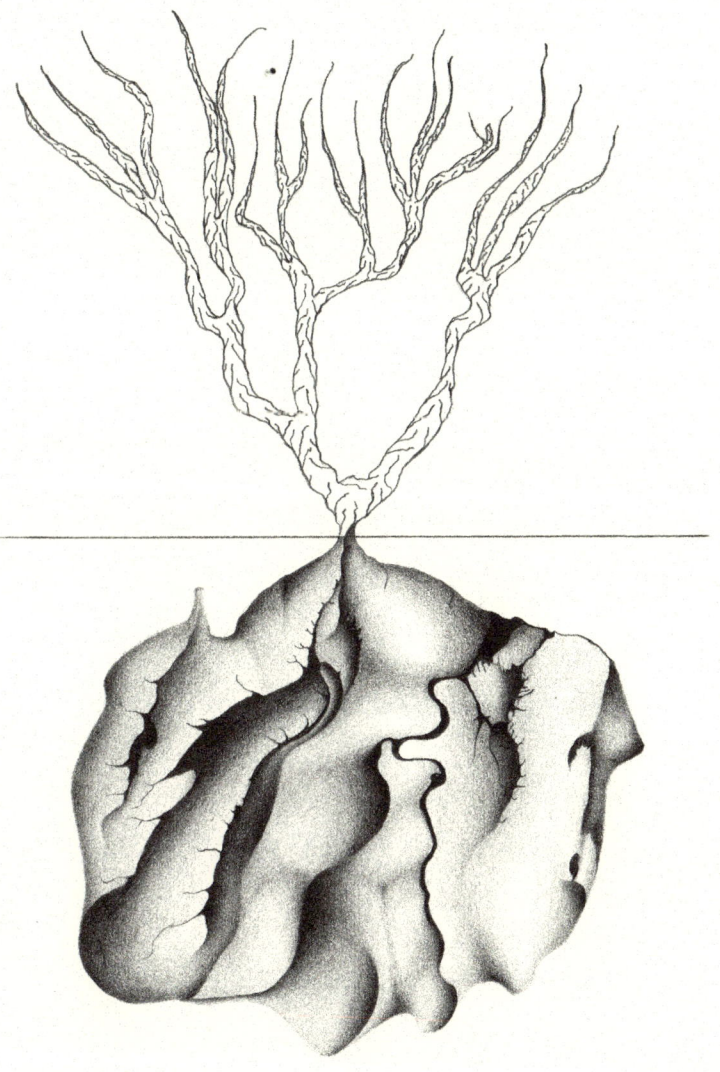

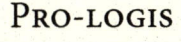

Pro-logis

Me reduzco a la ceniza
de la ceniza de mis huesos
o entre dos gigantescas hojas de papel
me dejo disecar
en la mitad de MI LIBRO

Nunca debí jugar a otra cosa
que a ser una persona mancha
en una pared de Hiroshima

Es no es la nada
un no absoluto

y sin embargo existe
pues el ser tiene sus bordes

Y soy en ella
ajenándome
pensando nopensamientos de seres
que sí existen del otro lado

Logoi

Nunca hubo dios
sino un solo bucle en el tiempo espacio
donde lo humano es consecuencia y causa
del nouniverso del instante antes
o del segundo último del siuniverso que acaba

de la infinita potencia acto
de la materia alma
en el momento de desaparecer
o de crearse

Es no todo y sí
como ocupando su sitio para siempre
en un espacio sin espacio

como los pensamientos solo
de un cerebro que no existe

Nada es nada
sino lo humano global que se realiza
en cada uno de nosotros
o dos
o nadie

Soy prescindible al ser y sin embargo
le soy absolutamente necesario
pues se me aparece
como una perfecta esfera
en el espacio del tiempo que se me ha dado
sin una sola hendidura donde encajar
mi microscópica imagen

Tan absoluta es mi existencia pese a ello
que si me borrara
mi hueco sería llenado
por los oportunos dedos hoja
sobre los talón espalda
que hacen humano
al héroe que tocan
en una u otra sola
de los millones y millones de humanidades
que vienen simultáneamente realizándose

El espacio

El tiempo

El universo o nosotros
Cada uno solo
y junto a cada uno
Nada en común
y sin embargo las órbitas
están fijadas por otras órbitas cercanas
o separadas por un vacío necesario
para que no desmerezca la idea
de su imagen
cuando buscamos en el espejo de la nada

Somos
el pensamiento solo de que somos
un astro que gira en torno
de un astro que gira en torno de un astro
pues ha de llegar la hora
en que penetren
los antiguos trozos en los trozos
hasta formar el inicio punto de antes

Lo que no ocupó la materia
en el momento mismo en que el tiempo comenzaba
es lo que da forma
al universo en que estamos

El ser es
porque la total y existente nada
impuso trayectorias
a la imparable invasión
que amenazaba su no tiempo espacio

Y se nos nació en medio
asegurándosenos que nuestra vida era
que podíamos
que creyendo en nosotros
que si acertábamos a

Pero la nada no perdona
la extensión robada

Vivir es desplazarse involuntariamente
por la porción del siuniverso todo

o por el entorno del nouniverso nada

dentro de un mínimo tiempo espacio
limitado por la propia piel casi
y obligado a eludir
hasta los más leves campos gravitacionales
para que no te desintegre
el roce con una atmósfera
o un brutal impacto

Mas en el fondo del fondo
se mantiene el ansia
de abandonarse en una órbita
en torno a otra idéntica materia
imperfectamente esférica
o total humana
tan igual en gravedad
que pudiera decirse
que te orbitara

o dejar a la sola inercia
del movimiento primero
que siga dando a tu ser eternamente
idéntico giro en la nada

Y por saber saqué un dedo
a través de la membrana borde
que limita el siuniverso y la nada
y nosentí en la piel
total ausencia de otro
Saqué la mano toda y el brazo
amputándome milímetro a milímetro y
por no dejar de acariciarme
giré el cuerpo bruscamente
y saqué los pies y las dos piernas
los muslos sexo caderas y

la cabeza con la otra mano acariciándola

Y nofuí total
siéndome
absolutamente en la nada

Devuelto al nouniverso por mí mismo

pues el dedo que alzó el dios para abismarme
se confundió con mi dedo
al atravesar voluntariamente la membrana

vago incontrolado por el espacio madre
o nouniverso nada ilimitado
apático en la falsa imagen
de un espejo que no entiende
que nosoy o siento
sabiéndome ser el hijo
del yoidea que imprime padre su molde
en el gran espacio
que desde el inicio ocupo por salvarme

Nosoy y soy un ser
del noespacio sí del todo nada
pues en él existe no
el notiempo sí indispensable

Los ríos que van a dar en la mar
cristalizan sus aguas finalmente
dando origen
al origen solo
de los cuatro ejes de coordenadas

Parálisis
siendo

No siser casi

Todonada

Y sigue su ser el ser
en la ilusoria mariposa de un gusano

Todo en la absoluta madre nada
casi
pues en la inferior esquina izquierda
aparece el siuniverso envuelto
en la placenta de la misma nada madre

Y saliendo de mí
en un momento solo de sueño
me veo feto punto
o centro de una inmensa explosión
origen de un youniverso pequeño
inútil
sin membrana
penetrando sin rumbo
y penetrado hasta el origen
por la nada madre nada
que ofrece su noespacio
al molde
que pudiera un día
utilizar la futura mano del yopadre
para imprimir la imagen
que alzará un día la mano
asiendo el molde
sobre la nada madre
para imprimir la imagen

Y en el ajeno siuniverso mientras
comenzará una vez más
la lógica implosión esperada

El tiempo
        se detiene
el tiempo

Se es el tiempo
jugando a prestar
el avance o retroceso de sus pies
al total movimiento de nosotros

Pero si digitalizo voluntariamente en la pantalla
el banal movimiento de una mano
le obligo a ser
una sola dimensión más de mi persona

No existe el tiempo
O existe totalmente
Porque se dobla sobre sí o se salta

Y no puedes
No puedes porque al ser
consumes algo que pasa
y pasa
y vuelve y pasa
plegándose por atraparte
mientras huyes
para volver a lo no acabado

Loco

Pero me puedo dominar
y me domino
pues el tiempo solo es
si me detengo pensándome

El noespacio

El notiempo

Y debo ir devorándome en él
dedo a dedo las manos
para alimentarme
hasta quedar solo cerebro
en la mitad de la nada
y con la imagen del siuniverso
en la retina de unos ojos sin párpados.

De pronto
un irrefrenable deseo único
de penetrar la membrana
que rodea la imagen del siuniverso dejado
hace a mi resto
eyacular mi resto todo
en mil y mil unidades
hacia el una vez
punto cero del siespacio
Y una de las mil y mil unidades sola
con mi código genético impecable
rasga brutalmente su piel de óvulo
fecundándolo

Iniciada la explosión
y formando otra vez parte
del siuniverso útero
en una esquina de la pantalla madre nada

vuelvo a notar el calor
de las arrugas todas del siespacio
vuelvo a vivir el sitiempo que pasa

Me adormezco entonces
soñando que
dejada ya definitivamente la nave
provocaba que se agitasen
alzada apenas su cabeza
las orejas solo de mi yo Argos

Y en el segundo sueño
la membrana exterior del universo
se resquebraja
y penetra hasta su origen mismo
el noser frío de la nada
Un pálido azul lo invade todo
un silencio absoluto

No restaba más que un punto
de luz naranjablancaamarilla
que habla con la verdad única
capaz de hacer que se agiten
las paredes del último rincón
donde tiritando me acurruco

pues fui yo nacido
con el solo don de la palabra

Y me digo que sí una y mil veces
que trataré de tapar las grietas
que devolveré su color al universo
que restauraré voces y gritos
Y formo puños con mis manos

Y hago útiles las palabras

SUMMA

Porque el último día
el dios de turno decidió
disolver el siuniverso
y la humanidad ¿obediente?
se fue cogiendo de las manos
para reducir las cuatro dimensiones
a un solo punto geométrico
concediendo a la nada
el absoluto dominio casi
del espacio

porque terminada la implosión
tras otras siete unidades
se durmió fetal el dios
en su propio vientre de madre
y aun se soñó feliz
amo

lo humano
de tan junto
se penetró de lo humano y
sabiendo que se miraba
se rebeló estallando

Y otro igual universo
volvió a despertar al dios
mientras se replegaba la nada

Apendix

(Textos)

La vida comenzó en la mar interna.

****

Cada uno de nosotros es una cara irrepetible del todo, una manifestación única y total de lo humano, que se ha de sumar, paradójica e inexorablemente, a lo humano.

****

Se ha rebelado el péndulo contra Foucault al no repetir sino un único plano. Una sola observación para el catálogo: el tiempo invertido para recorrer el arco es infinito o, al final de cada milímetro, el apenas obstáculo del índice de cualquier mano le hace retroceder al milímetro mismo que avanza.

****

Somos el pensamiento solo de que somos. Y sin embargo nos hacen quienes nos ponen palabras.

****

Quisiera poder abarcar un espacio mayor que el no-espacio de la nada.

****

Soy el hijo del yo-Idea que imprimió su molde en el espacio que mi yo ocupa existiendo.
(Solo Platón podría explicarlo.)

****

¿Y si el universo fuese todo? No existiría ese infinito de la nada rodeándolo. Existiría solo una nada limitada dentro del siuniverso, sin «membrana» que lo separara del nouniverso. ¡No habría placenta que nos protegiera! ni, ¡lo que aún es peor!, frontera que transgredir. La nada sería solamente espacio –¿...?– que separara materia de materia existente. Y el movimiento generado por la gran explosión no sería sino el estatismo absoluto igualador del tiempo cero al tiempo infinito.

El tiempo no tiene referencia espacial ni el espacio referencia temporal.

¡Un absoluto y total movimiento perfectamente estático!
La eternidad de Aquiles y la tortuga.

****

Nouniverso → infierno
Entrar en él voluntariamente, no arrojado a él por el dios.

****

Devuelto al nouniverso por mí mismo.

****

Y seguir esperando el momento en que el siuniverso termine su expansión para comenzar a replegar su avance sobre la nada. Contracción hacia el origen-punto-origen de la nueva explosión.

¿Para qué?

****

No existe el tiempo o existe totalmente, porque se dobla sobre sí o se salta.

Y no puedes.

Y no puedes porque al ser consumes algo que pasa y pasa y pasa y pasa y pasa, pero vuelve sobre sí plegándose para atraparte en una lucha inútil de vida que se te escapa, pero vuelve sobre sí mismo para atraparte mientras intentas escapar para volver a lo que dejas sin hacer.

¡Voy a volverme loco!

Pero me puedo dominar. Y me domino.

El tiempo solo es si yo me paro y me pienso.

****

Cuando me eyaculo para atravesar la membrana que encierra el siuniverso, entro en el útero de la madre-todo para encontrar el óvulo-centro del siuniverso y fecundarlo para fecundarme.

Mil y mil caminos seguidos aleatorioconscientemente por las mil y mil partículas surgidas de mí al eyacularme en busca del punto cero u origen del siuniverso. Al alcanzarlo, el movimiento de expansión del siuniverso llega a su fin y se inicia el movimiento contrario que ha de llevar al big crunch para comenzarlo todo de nuevo. SOLO SOY UN INSTRUMENTO.

****

La pantalla → la madre

El útero → el siuniverso que ocupa la esquina inferior izquierda de la pantalla

****

de nuevo entro y formo parte del útero

La vuelta al redil.

****

Al fecundar el óvulo del siespacio queda fecundado también el óvulo de la nada.

el no-estar fecunda-no la nada

El siuniverso detiene su expansión presionado por la expansión de la nada.

La no-presencia en la nada = la presencia en el espacio

****

El espejo

Imagen axial

ser/no-ser

fecundar/no-fecundar = fecundar la nada

****

El tiempo solo es
una parte del espacio que se cumple

****

fecundación = cese de la expansión del siuniverso = inicio de la expansión de la nada.

«ELÁSTICA»

lucha entre el ser y la nada por ocupar el espacio-no-espacio

BIG BANG ⟷ BIG CRUNCH

****

La expansión de mi ser como persona llega un momento que se detiene y comienza entonces una implosión que ha de llegar a mi anulación.

Estoy comenzando a ser la implosión de mi ser como persona.

✶✶✶✶✶✶✶✶✶✶✶✶✶✶

Una sola unidad

✶✶✶✶✶✶✶✶✶✶✶✶✶✶

L'ÊTRE EN-SOI ←—┬—→ L'ÊTRE POUR-SOI
                  ↓
L'ÊTRE PAR │ L'AUTRE
           │ LES AUTRES

TOUT C'EST UNE BOUTADE... POUR S'ÉPATER LUI-MÊME
                              M'   MOI

✶✶✶✶✶✶✶✶✶✶✶✶✶✶

CONVIVENCIA

Libro primero   I.- Entre nosotros
                 II.- Ensueños de la razón
Libro segundo   Cosmoegonía

✶✶✶✶✶✶✶✶✶✶✶✶✶✶

El siuniverso —————→ Él con ella
El nouniverso —————→ Él sin ella
La nada —————→ Él sin ella estando con ella
El dios —————→ La razón
El triunfo de la Humanidad —→ La convivencia

La Fea Burguesía
— EDICIONES —

Este libro, *Entre nosotros*,
se acabó de imprimir en septiembre de 2025

COLECCIÓN POESÍA

1. *Composición de lugar.* **Luis Bagué Quílez**
2. *Última bala.* **Christian Nieto Tavira**
3. *Dolores-Manhattan.* **Ana Vidal Egea**
4. *Puerto de sombra.* **José Luis Martínez Valero**
5. *Memorias del fantasma.* **Miguel Ángel Ortega Lucas**
6. *Vuelvo a encontrar mi azul.* **Mª Teresa Cervantes**
7. *Debe ser el tiempo que hace hoy.* **Pedro Guerrero Ruiz**
8. *Muro de carga.* **Ángel Almela Valchs**
9. *12 meses.* **Carmen Martínez Marín**
10. *El sueño del escondite.* **Emilio Soler Poveda**
11. *El resto es propaganda.* **Pepe Belló Ruiz**
12. *Una vieja chistera sin gracia ninguna.* **Antonio Marín Albalate**
13. *Un hombre solo.* **Pascual García García**
14. *Murcia a vista de haiku.* **Varios autores**
15. *XL.* **Natxo Vidal Guardiola**
16. *El que quiso bailar y nunca pudo.* **José Ángel Castillo Vicente**
17. *Latido.* **Pascual López Sánchez**
18. *El arca de los días.* **Antonia Álvarez Álvarez**
19. *Herencia.* **Salvador Gómez Valdés**
20. *La huerta en haikus.* **Varios autores**
21. *Logos.* **Isabel Aranda**
22. *Los quijeros del olvido.* **Francisco López Vidal**
23. *Tú también sabrás perdonarme.* **Antonio Soto Alcón**
24. *La respuesta del viento.* **Lucrecia López Guirao**
25. *106 Palabras.* **Natxo Vidal Guardiola**
26. *Paulina.* **José Belmonte Serrano**
27. *La terraza azul.* **Carmen Martínez Marín**
28. *La última noche de Silvia Plath.* **María Martínez Azorín**
29. *Palestina en el corazón.* **Pascual López Sánchez**
30. *Haikus al Mar Menor.* **Varios autores**

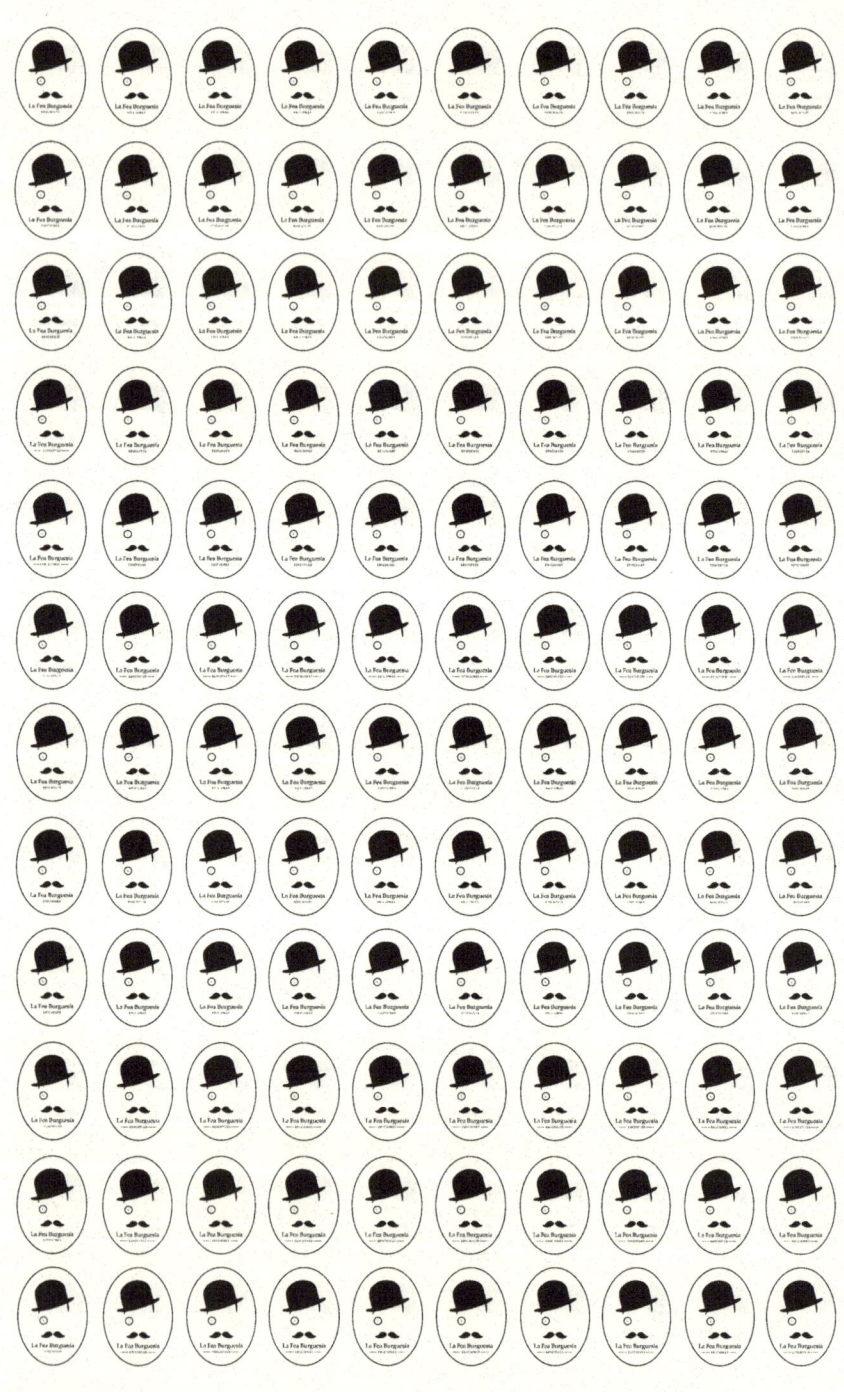